Waldforscher-Ausweis

Hier bitte
ein Foto
einkleben!

_____
Name

_____
Geburtstag

_____
Größe

Alle Tipps und Informationen in diesem Buch
sind sorgfältig ausgewählt und geprüft.
Dennoch können weder Urheber noch Verlag
eine Garantie übernehmen. Eine Haftung
für Personen-, Sach- und Vermögensschäden
ist ausgeschlossen.

MIX
Papier aus verantwor-
tungsvollen Quellen
FSC® C020056
FSC
www.fsc.org

5 4 3 2 1   20 19 18 17 16
ISBN 978-3-649-66883-1
© 2016 Coppenrath Verlag GmbH & Co. KG,
Hafenweg 30, 48155 Münster, Germany
CH: Baumgartner Bücher AG, Centralweg 16, 8910 Affoltern a. A.
Alle Rechte vorbehalten, auch auszugsweise
Text: Barbara Wernsing
Illustrationen: Yousun Koh und Manfred Rohrbeck
Fotos: siehe Bildnachweis auf Seite 60
Satz: Helene Hillebrand
Redaktion: Susanne Tommes
Printed in China

www.coppenrath.de

Barbara Wernsing

Abenteuer-Buch
Wald

Entdecken, beobachten, forschen

Mit Illustrationen von Yousun Koh
und Manfred Rohrbeck

COPPENRATH

Auf in die Wildnis!

Klar, dass in einem Wald viele hohe Bäume wachsen. Sie machen den Wald ja aus. Da gibt es Laubbäume, die im Herbst ihre Blätter abwerfen, und Nadelbäume, die auch im Winter grün sind. Doch welche Unterschiede gibt es noch? Und wer lebt von, an und sogar in den Bäumen?

Aber das ist noch längst nicht alles, was du im Wald erforschen kannst. Willst du
▶ wilden Waldtieren auf die Spur kommen,
▶ geheimnisvolle Geräusche deuten,
▶ giftige Pilze und Fliegenfallen entdecken,
▶ Baumhöhlen, Erdlöcher und andere Tierbehausungen aufspüren,
▶ Insekten bei der Arbeit zuschauen oder
▶ Feuersalamander, Kaisermantel, Hexenkraut und Co. kennenlernen?

Mit diesem Forscherbuch im Gepäck kannst du dich auf eine spannende Erkundungstour machen und deine Erlebnisse gleich festhalten.

**Und los geht's!
Viel Spaß im Wald!**

Inhaltsverzeichnis

Ausrüstung

Für eine Expedition in den Wald brauchst du
die richtige Forscherausrüstung:

▶ **Zur Grundausrüstung** gehören Kappe, Jacke,
lange Hose, feste Schuhe, ein Rucksack,
Wasser in der Trinkflasche und etwas Proviant.

▶ **Zum Forschen** solltest du dieses Buch mit Stift und einen Fotoapparat
mitnehmen. Fürs genaue Beobachten und Betrachten sind Fernglas
und Lupe nützlich. Um Fundstücke zu sammeln, brauchst du eine
Vorratsdose und kleine Tüten.

▶ **Zur Orientierung** dienen eine
Wanderkarte mit einem Maß-
stab von 1 : 25 000 (1 cm auf
der Karte entspricht 250 m in
der Natur) und ein Kompass.
Für größere Touren ist ein
GPS-Navi für Wanderer oder
ein Smartphone mit Kompass
und Navi-App praktisch.

▶ **Zum Schutz** packst du Insektenschutzmittel, Pinzette, Pflaster und
Desinfektionsmittel ein, darüber hinaus eine Trillerpfeife, um im
Notfall auf dich aufmerksam machen oder wilde Tiere verscheuchen
zu können, und ein Handy, um erreichbar zu sein und im Notfall Hilfe
rufen zu können.

Was Waldforscher wissen müssen

So wehrst du Gefahren ab:
▶ Gehe niemals allein in den Wald!
▶ Gehe nicht bei Gewitter oder Sturm in den Wald!
▶ Bleibe möglichst auf markierten Wegen!
▶ Fasse keine zutraulichen Wildtiere an. Tollwutgefahr!
▶ Entfache kein Feuer im Wald! Waldbrandgefahr!
▶ Nah am Boden wachsende Beeren nur gekocht essen. Gefahr einer Fuchsbandwurminfektion!
▶ Pilze nur anschauen, nicht essen! Vergiftungsgefahr!
▶ Wieder zu Hause: Zur Sicherheit den ganzen Körper nach Zecken absuchen. Zecken gleich entfernen! Sie können beim Blutsaugen Krankheiten übertragen.

Zecke:
links normal,
rechts vollgesogen

So schützt du Tiere und Pflanzen:
▶ Zerstöre die Pflanzen nicht mutwillig!
▶ Störe die Tiere so wenig wie möglich!
▶ Fasse keine Jungtiere an. Sie könnten von ihren Eltern wegen des fremden Geruchs verlassen werden.
▶ Hinterlass keinen Müll im Wald!

In diesem Wald gibt es Tiere mit Tollwut. Halte dich fern!

Wildtollwut
Gefährdeter Bezirk

Die Bäume des Waldes

Das Besondere am Wald sind die Bäume. Bei uns wachsen sie bis zu 50 m in die Höhe, immer dem Licht entgegen. Es gibt drei verschiedene Arten von Wäldern:

Laubwald

Mischwald

Nadelwald

In einem Laubwald wachsen Bäume, die nur im Sommer Blätter tragen. Das sind bei uns vor allem Buchen, Eichen und Ahornbäume. An der Form der Blätter kannst du erkennen, von welcher Baumart sie stammen. Im Herbst verlieren die Blätter ihre grüne Farbe, sie färben sich rot, gelb oder braun und fallen schließlich vom Baum.

◄ Die Blätter der **Buche** sind eiförmig.

◄ Die Blätter der **Eiche** haben Einbuchtungen.

► Die Blätter des **Ahorns** sind fünflappig.

► Die Blätter des **Haselnussstrauchs** sind rundlich zugespitzt.

Die meisten Nadelbäume sind auch im Winter grün. Sie behalten ihre Nadeln, auch wenn es kalt wird. Nur die Lärche wirft sie im Herbst ab. Vorher färben sie sich goldgelb.

◄ Die Nadeln der **Fichte** piksen.

◄ Die Nadeln der **Tanne** sind flach.

► Die **Kiefer** hat sehr lange Nadeln.

► Die **Lärche** hat sehr kurze weiche Nadeln in Büscheln.

So viele Blätter!

Auf dieser Seite siehst du viele verschiedene Blätter. Zwei sehen immer gleich aus. Entdeckst du sie? Dann male sie in derselben Farbe aus. Finde heraus, zu welcher Baumart sie jeweils gehören (siehe Seite 11).

Baumart

Baumart

Baumart

Baumart

Baumart

Baumart

Baumart

Baumart

Tipp: Sieh dir die Blätter im Wald genau an. Dann kannst du die Blattadern in deine Bilder übertragen.

Wie alt werden Bäume?

Bäume können mehrere Hundert Jahre alt werden. Wenn ein Baum gefällt ist und seine Jahresringe an der Schnittfläche sichtbar werden, kannst du herausfinden, wie alt er geworden ist. Jedes Jahr entsteht ein neuer Ring. Wenn es dem Baum gut ging, ist er ein großes Stück gewachsen, und der Streifen ist breit. Gab es nur wenige Nährstoffe, Wasser oder Sonnenschein, ist der Jahresring schmaler.

Eigentlich besteht ein Jahresring immer aus zwei Streifen: einem breiten hellen und einem schmalen dunklen. Der breite Ring entsteht im Frühling und Sommer, der schmale im Herbst.

Lege ein Blatt Papier so an die Schnittfläche eines gefällten Baumstamms, dass eine Ecke in der Mitte des kleinsten Rings liegt. Zeichne die Jahresringe und zähle sie. Wenn du von außen nach innen so viele Ringe abzählst, wie du alt bist, kannst du herausfinden, wie es dem Baum in dem Jahr ging, als du geboren wurdest.

Hier kannst du einen Ausschnitt deines Jahresring-Bildes einkleben.

Rindenbilder

Die Rinden der Bäume sind genauso unterschiedlich wie ihre Blätter. Lege jeweils ein Blatt Papier an verschiedene Baumstämme und streiche mit einem weichen Bleistift oder Wachskreide vorsichtig darüber. So überträgst du die Rindenstruktur aufs Papier. Später kannst du die Zettel zurechtschneiden und dann hier einkleben.

Baumart

Baumart

Baumart

Baumart

Übrigens: Baumrinde ist so empfindlich wie unsere Haut. Wird sie beschädigt, „blutet" der Baum. Mit klebrigem Harz kann der Baum seine Wunden verschließen und sich gegen eindringende Schädlinge schützen. Findest du harzige Stellen?

Tiere auf und unter der Rinde

▶ Der **Buchdrucker** ist ein gefürchteter Schädling. Er befällt vor allem Fichten. Zur Eiablage bohrt der Käfer Gänge in die Baumrinde. Die Fraßgänge seiner Larven sind wie die Zeilen eines Buches angeordnet. Sie unterbrechen den Saftfluss in der Rinde und die Bäume sterben ab. Buchdruckerbefall kannst du am braunen Bohrmehl erkennen, das sich unten am Stamm und an der Rinde sammelt.

Buchdrucker

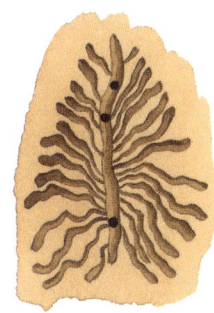

Fraßgänge

Gelbbindiger Schwarzkäfer

◀ Ebenfalls an der Rinde unterwegs ist der **Gelbbindige Schwarzkäfer.** Seine einzige Nahrung ist der ▶ **Schwefelporling**, ein Baumpilz, der über Verletzungen an der Rinde in die Bäume eindringt und das Holz zersetzt. Seine großen schwefelgelben Konsolen wachsen an Laubbäumen.

Schwefelporling

◀ Auch **Nachtfalter** halten sich an der Baumrinde auf. Sie ruhen tagsüber mit übereinandergelegten Flügeln an Baumstämmen und sind dabei kaum von der Rinde zu unterscheiden.

Der Buchen-Zahnspinner ist bestens getarnt.

Die Vögel des Waldes

Der Wald ist voller Geräusche. Viele stammen von Vögeln: Sie singen, rufen oder klopfen mit dem Schnabel. Einige von ihnen sind echte Kletterkünstler.

◀ Das Klopfen der **Spechte** ist weithin zu hören. Es bedeutet Nahrungssuche, Partnersuche oder Höhlen-bau. Spechte hüpfen die Baumstämme hinauf. Beim Klettern helfen die kräftigen Schwanzfedern als Stütze sowie besondere Kletterfüße.

▶ Den Ruf des **Kuckucks** kennt jeder. Den Vogel selbst bekommt man nur selten zu sehen. Im Winter zieht er nach Afrika. Der Kuckuck baut kein eigenes Nest, sondern legt seine Eier in die Nester anderer Vögel.

◀ **Hohltauben** rufen leise: „Hu-ru"! Nur im Sommer kannst du sie im Wald hören, denn den Winter verbringen sie in Südeuropa, wo es wärmer ist. Hohltauben sind die einzigen Tauben, die in Baumhöhlen nisten.

▶ Den **Eichelhäher** kannst du auch im Winter in unseren Wäldern hören. Bei Gefahr warnt er andere Vögel mit „rätsch"-Rufen vor Feinden. Er kann aber auch die Rufe anderer Vögel nachahmen.

▶ Der **Waldkauz** ruht tagsüber auf einem Ast. Nachts ruft er: „Huhuhu, Huuuuuh!" Kleinvögel, die ihn trotz seiner Reglosigkeit und seines Tarngefieders entdeckt haben, stimmen Warnrufe an und „hassen" so lange, bis ihr Feind fortfliegt.

◀ Der **Sperber** ist ein Greifvogel. Auf der Jagd fliegt er niedrig über dem Boden und knapp um Hindernisse herum und überrascht so kleine Vögel, seine bevorzugte Beute. Sperber-Weibchen sind deutlich größer als die Männchen.

▶ Der **Baumläufer** stochert mit seinem Schnabel in der Baumrinde nach Beute. Dabei stützt er sich mit den Schwanzfedern am Baum ab. Sein Gefieder ist auf der Oberseite rindenfarbig, er ist also nicht so leicht zu entdecken.

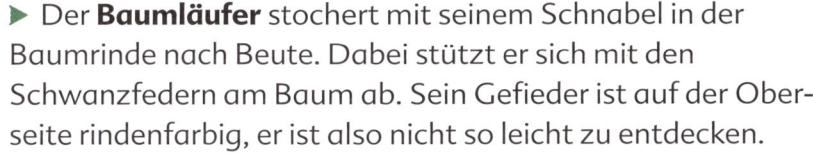

◀ Der **Kleiber** klettert bei der Nahrungssuche wie ein Specht in Spiralen den Baumstamm hinauf. Aber er ist der einzige Vogel, der auch kopfüber wieder hinunterklettern kann.

Mit einem Fernglas kannst du die Vögel genauer beobachten.

Wer sitzt da im Baum?

Hast du Lust, diesen Baum auszumalen und die Sticker der Vögel hinein-
zukleben? Du kannst hier auch aus Zeitschriften ausgeschnittene Bilder
von Waldvögeln hinzufügen oder die im Wald entdeckten Vögel selbst
malen. Kennzeichne alle Vögel, die du in der Natur gesehen hast, mit
einem kleinen Kreuz. Viel Spaß!

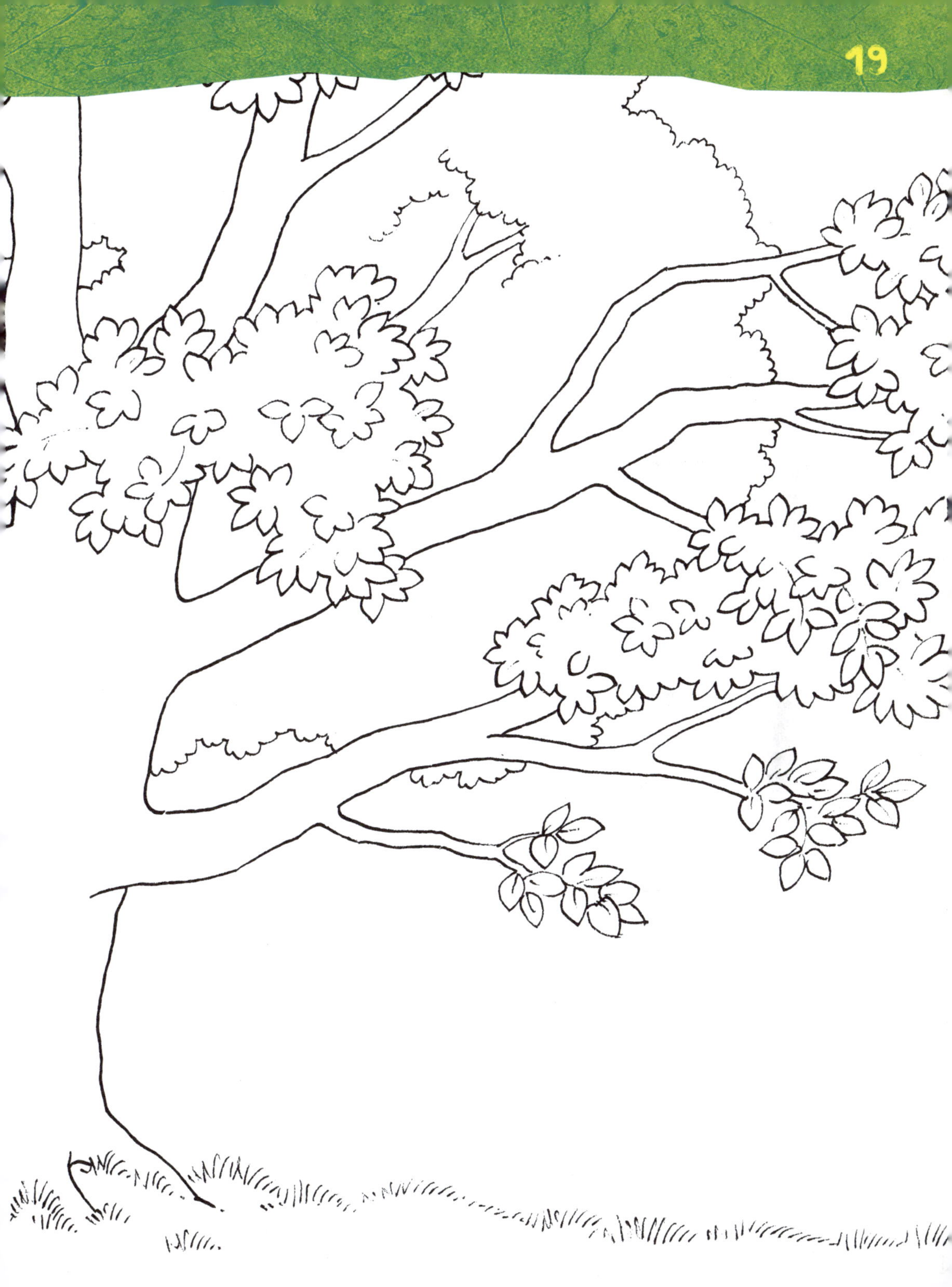

Kletterkünstler

Nicht nur viele Vögel können gut klettern, sondern auch einige Säugetiere. Du kannst sie an Baumstämmen und in den Baumkronen herumturnen sehen und sie bei der Nahrungssuche beobachten.

◀ **Eichhörnchen** halten sich nie längere Zeit am Boden auf. Mit ihren langen Krallen finden sie Halt, wenn sie die Baumstämme hinauf- und auch kopfüber herunterjagen. Der Schwanz dient ihnen als Balancierstange oder Steuerruder bei weiten Sprüngen.

▶ Der **Baummarder** ist ein Raubtier und Feind des Eichhörnchens. Obwohl er doppelt so groß ist, klettert er genauso flink und springt auch von Baum zu Baum, wenn er ein Eichhörnchen verfolgt. Tagsüber ruhen Baummarder. Erst in der Dämmerung und nachts gehen sie auf Nahrungssuche. Sie sind Allesfresser.

◀ Die **Rötelmaus,** auch Waldwühlmaus genannt, wohnt in unterirdischen Bauen, wo sie auch ihre Jungen großzieht. Weil sie aber gern die Rinde von Ästen und Zweigen mag, muss sie in die Bäume klettern. Achte auf ihre Nagespuren in Astgabeln.

Baumhöhlen und Nester

◀ Hoch in den Bäumen nutzen viele Waldtiere Höhlen und Nester als Unterschlupf und Nistplatz. Die meisten Baumhöhlen werden von **Spechten** angelegt. Nachdem der Specht ausgezogen ist, gibt es viele Nachmieter, zum Beispiel Hohltauben, die sich weiche, gepolsterte Nester in den alten Spechthöhlen bauen, Kleiber, die den Eingang mit Lehm verkleinern, oder Fledermäuse, die tagsüber in den Baumhöhlen schlafen.

▶ **Eichhörnchen** bauen gleich mehrere bis zu 50 cm große kugelige Nester (Kobel) aus Zweigen und polstern sie mit Moos aus. Meist entdeckst du sie in über 5 m Höhe in einer Astgabel. Bei schlechtem Wetter und im Winter ruhen die Tiere darin.

◀ **Habichte** bauen große flache Reisignester (Horste). Meist werden hohe Bäume an Schneisen dafür ausgesucht, weil von dort aus der An- und Abflug leichter ist. Während der Brutzeit „begrünen" Habichte ihr Nest, um es zu tarnen.

Frühblüher und Schattenpflanzen

Wenn die Laubbäume im Frühjahr noch keine Blätter haben, gelangt das Sonnenlicht bis zum Boden. Blumen, die das Licht brauchen, nutzen diese Zeit und blühen schon im März. Frühblüher wachsen etwa 20 cm hoch. Zu ihnen gehören:

Scharbockskraut   Lerchensporn   Buschwindröschen   Leberblümchen

Zu den Frühblühern in Laub- und Mischwäldern zählt auch das schöne Waldveilchen. Das solltest du dir genauer ansehen. Das Waldveilchen streut Samen aus, die ölhaltige Anhängsel besitzen. Waldameisen werden vom Duft angelockt und tragen die Samen in ihr Nest. Dort fressen sie die Anhängsel auf und legen die Samen als Abfall in der Nähe ab. So gelangen die Samen an einen neuen Platz und können dort keimen.

Waldveilchen

Eine Waldameise trägt einen Samen davon.

Je mehr Blätter sich an den Bäumen zeigen, desto dunkler wird es am Waldboden. Die Blätter der Frühblüher fangen an zu welken. Ab Mitte Mai beginnt die Zeit der Waldbodenpflanzen, die sich im Schatten wohlfühlen. Schattenpflanzen sind:

Lungenkraut   Waldmeister   Waldsauerklee

Während die meisten Pflanzen in ihren grünen Blättern aus Sonnenlicht, Luft und Wasser Nährstoffe herstellen, bedienen andere sich einfach an deren Wurzeln. Diese Schmarotzer-Pflanzen brauchen keine grünen Blätter. Zu ihnen gehören:

Schuppenwurz
(Buche, Haselnuss)

Fichtenspargel
(Fichte)

Nestwurz
(Buche)

Meine Blütensammlung

In diese Rahmen kannst du jeweils eine Blüte eines Frühblühers einkleben. Pflücke dazu eine Blüte, lege sie zwischen zwei Löschblätter und presse sie anschließend in einer Blumenpresse oder zwischen dicken Büchern. Es dauert etwa zehn Tage, bis die Blüte ganz trocken ist. Dann kannst du sie einkleben. Bitte nur jeweils eine einzige Blüte pflücken!

Tipp: Statt Blüten zu pressen, kannst du sie auch malen oder die Sticker der Blumen, die du gefunden hast, einkleben.

Name der Pflanze

Datum

Name der Pflanze

Datum

Name der Pflanze

Datum

Name der Pflanze

Datum

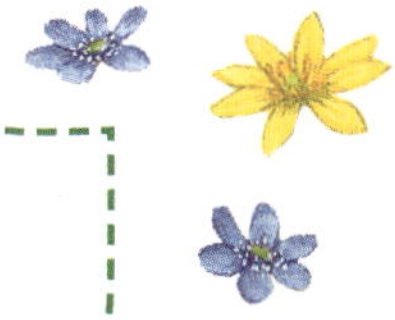

Name der Pflanze

Datum

Name der Pflanze

Datum

Früchte, Zapfen, Samen

Einige Bäume bilden Samen in Früchten aus, die gut fliegen können: Sie haben Flügel, Propeller oder Fallschirme. Diese Früchte liegen selten unter dem Baum, von dem sie stammen. Sie werden vom Wind verbreitet.

Ahornsamen

Bucheckern, Eicheln und Nüsse werden gern von Tieren gefressen. Einige Waldtiere sammeln Futtervorräte für den Winter und verstecken die Früchte. Manches Versteck wird vergessen und so können die Samen keimen. Die Sämlinge können zu neuen Bäumen heranwachsen.

Bucheckern   Eicheln   Haselnüsse

Nadelbäume bilden holzige Zapfen, in denen Samen heranreifen. Ist das Wetter warm und trocken, öffnen sich die Schuppen, die Samen fallen heraus. Fichten- und Kiefernzapfen fallen auf den Boden, sobald die Samen ausgestreut sind. Lärchenzapfen bleiben viele Jahre am Baum. Tannenzapfen zerfallen am Baum. Deshalb findest du sie nie am Boden.

Fichtenzapfen   Kiefernzapfen   Lärchenzapfen

Wer hat da geknabbert?

Versuche, die Fraßspuren den richtigen Tieren zuzuordnen.

Fichtenzapfen

Ein **Specht** zerfleddert
den Zapfen.

Mäuse nagen die
Schuppen sauber ab.

Das **Eichhörnchen**
lässt Fasern von der
Spindel abstehen.

Nüsse

Die **Haselmaus**
hinterlässt deutliche
Zahnspuren.

Der **Kleiber** bricht
kleine Stückchen
heraus.

Der **Haselnussbohrer**
bohrt ein kleines Loch
in die Nuss.

Die Lösung findest du auf Seite 59.

Waldpilze

Im Herbst schauen die Fruchtkörper der Pilze aus dem Waldboden hervor. Sie enthalten die Sporen, mit denen sich die Pilze vermehren und ausbreiten. Die Pilze selbst bestehen aus einem großen unterirdischen Geflecht von Fäden. Pilze helfen dabei, dass neue, fruchtbare Erde entsteht. Häufig siehst du diese Pilze:

Giftig

Giftig

Stockschwämmchen   Trichterlinge   Kartoffelbovist

Manche Pilze wachsen zwischen den Wurzeln der Bäume und helfen ihnen, Wasser und Mineralien aus dem Boden aufzunehmen. Dafür erhalten die Pilze von den Bäumen Nährstoffe. Zu diesen Pilzen gehören:

Giftig   **Giftig**

Fliegenpilze   Knollenblätterpilze

Es gibt aber auch Pilze, die Bäume schädigen. Sie zapfen Nährstoffe ab, ohne etwas zurückzugeben. Zu diesen Schmarotzer-Pilzen zählen:

Giftig

Ungenießbar

Hallimasch   Zunderschwamm

Viele Tiere fressen gern Pilze – auch solche, die für Menschen giftig sind. **Aufgepasst!** Fast alle essbaren Pilze haben giftige Doppelgänger!

Was krabbelt da im Laub?

Neben den Pilzen helfen unzählige kleine Bodentiere dabei, alles zu zersetzen, was sich am Waldboden angesammelt hat. Breite im hellen Licht eine Handvoll Laubstreu auf einem weißen Tuch aus und beobachte, welche Tierchen sofort ins Dunkle fliehen. So schützen sie sich vor dem Austrocknen und vor Fressfeinden. Achte auf die Anzahl ihrer Beine!

Notiere, wie viele Tiere du jeweils gesehen hast!

☐ Würmer und Schnecken: keine Beine

☐ Insekten wie Ameisen, Käfer oder Ohrwürmer: 6 Beine

☐ Spinnen: 8 Beine

☐ Krebstiere wie Asseln: 14 Beine

☐ Tausendfüßer wie Steinläufer oder Saftkugler: sehr viele Beine

▶ Acht besonders lange Beine hat der **Weberknecht**. Er gehört zu den Spinnentieren. Seine Beutetiere sind Insekten, die er bei Dunkelheit in der Laubstreu jagt.

▶ Der flugunfähige **Lederlaufkäfer** geht ebenfalls nachts am Waldboden auf die Jagd. Tagsüber versteckt er sich unter Holz oder Steinen.

Hirschkäfer

Waldwolfs-
spinne

Saftkugler

Tausendfüßer

Ameisenhügel

Ameisenhügel sind beeindruckende Bauwerke aus Nadeln, Zweig- und Rindenstückchen. Du findest sie an sonnigen Stellen oft an Baumstümpfen oder -stämmen. Ein Ameisenhügel ist das Nest der Waldameisen,

das noch weit in die Erde hineinragt. Mehr als eine Million Tiere können darin leben.

Waldameisen sind sehr nützlich, denn sie vertilgen jeden Tag Tausende von Insekten, darunter viele Waldschädlinge. Sie sind aber auch selbst Nahrung, zum Beispiel von Spechten, die sich nicht einmal von der Ameisensäure, die die Ameisen zur Verteidigung verspritzen, abschrecken lassen.

Zeichne „deinen" Ameisenhügel und dich daneben. Markiere dann, wie hoch dein (höchster) Ameisenhügel ist. Reicht er dir bis zum Knie oder sogar höher?

Meine Größe

Höhe des Hügels

Datum

Unterirdische Baue

Doch nicht nur Ameisen, auch Säugetiere leben zeitweise unter der Erde. Löcher und Höhlen am Waldboden zeigen, dass sie sich dort einen Bau gegraben haben.

◄ **Dachse** graben ihre Erdbaue immer selbst. Fast 5 m tief in die Erde reichen ihre langen verzweigten Gänge. Sie führen zu Kammern, in denen die Tiere tagsüber ruhen, ihre Jungen großziehen und überwintern. Dachsbauten sind an liegen gebliebenem Polstermaterial und einer Rinne am Eingang gut zu erkennen.

► Manchmal hat der Dachs Untermieter. **Füchse** ziehen gern ein, wenn ein Dachsbau groß genug ist. Füchse graben aber auch selbst. Ein Fuchsbau besitzt neben der Hauptröhre mehrere Fluchtröhren. Fuchsbaue erkennst du an herumliegenden Beuteresten und Fußspuren.

◄ **Gelbhalsmäuse** graben selten selbst. Sie übernehmen lieber Erdbaue von Wühlmäusen. Gelbhalsmäuse sind an ihren großen Augen und Ohren, dem braunen Fell und dem langen Schwanz zu erkennen. Sie sind Allesfresser und leben in Laubwäldern.

Tiere am Waldboden

Hier siehst du einen Querschnitt durch den Waldboden mit vielen Gängen und Höhlen. Klebe die Sticker der passenden Tiere hinein und male das Bild fertig. Welche Tiere und Pflanzen hast du tatsächlich schon im Wald entdeckt? Markiere sie mit einem kleinen Kreuz.

Maus

Dachsfamilie

Ameisenhügel

Fuchsfamilie

Blumen, Sträucher, Kletterpflanzen

Kommst du aus dem tiefen Wald auf eine Lichtung oder an den Waldrand, merkst du gleich den Unterschied. Hier ist es viel heller, denn das Sonnenlicht wird nicht vom Blätterdach aufgehalten, sondern fällt bis auf den Boden herab. Deshalb können an diesen Stellen auch Pflanzen wachsen, die viel Sonnenlicht brauchen.

Achtung: Einige Arten sind für Menschen sehr giftig!

Giftig

Roter Fingerhut

Giftig

Schwarze Tollkirsche

Waldweidenröschen

Halte auch nach Zwergsträuchern Ausschau. Sie werden nicht größer als 60 cm. Diese hier tragen im Spätsommer leckere Beeren:

Heidelbeeren

Preiselbeeren

Außerdem gibt es an vielen Waldrändern richtige Kletterpflanzen. Sie bilden ein undurchdringliches Gestrüpp, in dem zum Beispiel kleine Vögel nisten. Zu diesen Kletterpflanzen gehören:

Brombeeren

Giftig

Waldrebe

Bestimmt entdeckst du auch einige große Sträucher und kleine Bäume mit Beerenfrüchten. Vögel mögen besonders die roten oder glänzend schwarzen Beeren. Sie fressen das Fruchtfleisch und verbreiten die Samen durch ihre Ausscheidungen.

Eberesche (Vogelbeere)

Schwarzer Holunder

Vögel am Waldrand

Sieh dir die Vögel in den Sträuchern und Bäumen genau an und
versuche, ihre Art zu bestimmen. Achte vor allem auf Folgendes:
▶ Wie groß ist der Vogel (wie ein Spatz, eine Amsel oder Taube)?
▶ Welche Farben hat das Gefieder?
▶ Welche Form hat der Schnabel?

Welche Vögel hast du schon beobachten können? Kreuze sie an!

◀ Der **Buchfink** baut sein napfförmiges
Nest in Astgabelungen von Büschen
oder Bäumen. Er singt: „Zizizizi-teroitit!"

▶ Der **Distelfink** oder Stieglitz nistet in
hohen Sträuchern mit genug Deckung.
Er ruft: „Stie-ge-litt!"

◀ Der **Hänfling** errichtet sein Nest im dichten
Gebüsch. Sein Gesang enthält Triller und Pfeiftöne.

▶ Der **Fichtenkreuzschnabel** holt mit seinem
Spezialschnabel die Samen aus Zapfen von Nadelbäumen. Sein Nest baut er hoch in Nadelbäumen.

◀ Die **Tannenmeise** singt: „Wize-wize-wize- …!"
Sie brütet in Baumhöhlen. Außerhalb der Brut-
zeit ist sie oft zusammen mit anderen Meisen,
Kleibern und Baumläufern unterwegs.

▶ Die **Haubenmeise** lebt in Nadelwäldern
und zimmert sich dort ihre Bruthöhlen selbst.
Sie singt: „Zi-zi dürr-dürr …!"

◀ Die **Schwanzmeise** erkennst du an ihrem
sehr langen Schwanz. Ihr großes eiförmiges
Kugelnest errichtet sie oft in rankenden
Pflanzen oder Dornengestrüpp am Waldrand.

▶ Das **Wintergoldhähnchen** ist
der kleinste heimische Vogel. Er
wiegt nur 5 g. Wintergoldhähnchen suchen im Gebüsch nach
Nahrung, bauen ihr kugeliges
Nest aber meist hoch oben in den
Nadelbäumen.

Reh oder Hirsch?

In unseren Wäldern leben Rothirsche, Damhirsche und Rehe. Tagsüber finden sie im Innern des Waldes Ruhe und Schutz. In der Dämmerung erscheinen sie auf der Lichtung und am Waldrand, um nach Nahrung zu suchen. Sie sind Pflanzenfresser. Nur die Männchen tragen Geweihe, die sie jährlich abwerfen und neu bilden. Doch wie kann man die drei Tierarten voneinander unterscheiden? Sieh dir die Geweihe genau an!

Ein Rehbock hat ein kleines Geweih.

Ein Rothirsch hat ein mächtiges Geweih.

Ein Damhirsch hat ein schaufelförmiges Geweih.

Am Hinterteil leuchtet bei allen ein heller Fleck, der „Spiegel". Er hilft den Tieren, auch in der Dämmerung und auf der Flucht zusammenzubleiben. Du kannst den Fleck erkennen, wenn die Tiere vor dir flüchten.

Wenn du keine Tiere beobachten kannst, weil sie sich versteckt halten, suche nach ihren Spuren. Dazu gehören abgebissene Spitzen von jungen Bäumen, in Streifen vom Stamm abgezogene Rinde sowie Scheuerspuren vom „Fegen" der Geweihe. Weitere Spuren entstehen, wenn Hirsche ihr Geweih im Sommer an die Bäume schlagen – als Kampfersatz.

Wildwechsel erforschen

Sieh dich auf der Lichtung genau um: Findest du einen schmalen Trampelpfad? Es könnte ein sogenannter Wildwechsel sein, ein Weg, den bestimmte Tiere regelmäßig benutzen, wenn sie zur Nahrungssuche aus dem Wald auf die Lichtung kommen. So entstehen im Laufe der Zeit schmale Pfade. Versuche, solche Pfade zu finden, und halte deine Beobachtungen hier fest.

Wildwechsel entdeckt?

☐ Ja ☐ Nein

Wie viele?

☐

So verliefen die Wildwechsel (ankreuzen oder die Anzahl eintragen):

☐ im Zickzack

☐ schnurgerade

☐ quer über die Lichtung

☐ am Rand

Gibt es Kreuzungen?

☐ Ja ☐ Nein

Wie viele?

☐

Manchmal werden die Wildwechsel der Tiere durch Straßen zerschnitten. Hier hat man daher für die Tiere eine breite Brücke gebaut.

Gefahrenschild Wildwechsel

Spurensuche

Auf Lichtungen und am Waldrand liegen nicht so viele Blätter auf dem Boden wie im Innern des Waldes. Darum stehen die Chancen hier gut, im lockeren, feuchten Boden Fußabdrücke von Tieren zu finden. Begib dich auf die Suche: Kannst du Spuren entdecken? Von welchem Tier mögen sie stammen? Hier siehst du, wie die Abdrücke einiger Waldtiere aussehen. Vergleiche sie mit denen, die du gefunden hast.

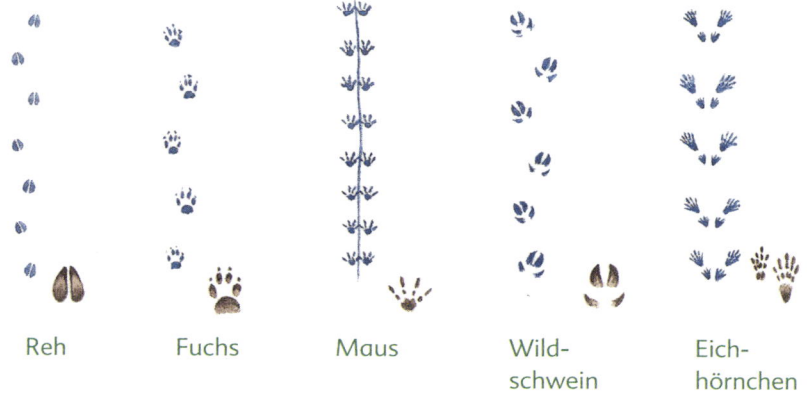

| Reh | Fuchs | Maus | Wild-schwein | Eich-hörnchen |

Im Winter lassen sich die Spuren der Tiere im Schnee besonders leicht finden.

Sticker für Hefte, Briefe & Co.

Tannenmeise

Haubenmeise

Distelfink

Fichten-kreuzschnabel

Buchfink

Wintergold-hähnchen

Luchs

Fuchs

Kleiner Eisvogel

Wolf

Kaisermantel

Haselnussbohrer

Großer Schillerfalter

Waschbär

Wildschweinfamilie

Sticker für dieses Buch

Seite 18 und 19

Sperber

Waldkauz

Buntspecht

Eichelhäher

Baumläufer

Kleiber

Hohltaube

Kuckuck

Seite 24 und 25

Buschwindröschen

Lerchensporn

Waldveilchen

Leberblümchen

Scharbockskraut

Lungenkraut

Waldmeister

Waldsauerklee

Seite 32 und 33

Gelbhalsmaus

Eichhörnchen

Dachsfamilie

Fuchsfamilie

Seite 41

Reh

Eichhörnchen

Maus

Wildschwein

Fuchs

Seite 52 und 53

Steinkrebs

Erdkröte

Grasfrosch

Gründling

Bachschmerle

Libelle

Bachforelle

Elritze

Singdrosssel

Feuersalamander

Sticker für Hefte, Briefe & Co.

Eichhörnchen

Igel

Fliegenpilze

Hirschkäfer

Stockschwämmchen

Ameisen

Fußspuren

Dachs

Reh im Schnee

Rehe im Wald

Hirsch

Reh

Hier kannst du die Fußabdrücke, die du gefunden hast, aufzeichnen
und Sticker der passenden Tiere einkleben.

Meine Spurenzeichnung

Datum

Fundort

Tierart

Platz für
ein Bild
des Tieres

Meine Spurenzeichnung

Datum

Fundort

Tierart

Platz für
ein Bild
des Tieres

Meine Spurenzeichnung

Datum

Fundort

Tierart

Platz für
ein Bild
des Tieres

Meine Spurenzeichnung

Datum

Fundort

Tierart

Platz für
ein Bild
des Tieres

Reptilien

Weil es auf einer Lichtung und am Waldrand oft auch sonnige Plätze gibt, fühlen sich hier sogar Reptilien wohl. Sie gehören zu den wechsel-warmen Tieren, das heißt: Sie können ihre Körpertemperatur nicht selbstständig gleich hoch halten. Um aktiv sein zu können, müssen sie erst Sonnenwärme tanken. Zu den Reptilien, die im Wald leben, zählen Waldeidechse, Blindschleiche und Kreuzotter.

▶ Kleine Insekten, Würmer und Spinnen ge-hören zur Hauptnahrung der **Waldeidechse.**
Sie sonnt sich gern auf Holzhaufen oder Baum-stümpfen und verlässt sich, auch wenn du näher kommst, auf ihre Tarnfärbung.

◀ **Blindschleichen** sehen wie Schlangen aus, sind aber beinlose Echsen und harmlos.
Sie ernähren sich vorwiegend von Schnecken und Würmern.

Giftig

▶ Nur die **Kreuzotter**, die du an ihrem dunklen Zickzackband auf dem Rücken erkennst, ist eine echte Giftschlange.
Sie beschleicht vor allem Mäuse, Frö-sche und auch Eidechsen. Nur wenn sie sich stark bedroht fühlt, beißt sie auch Menschen. Meist flieht sie jedoch.

Achtung, hungrig!

Auch Eidechsen, Blindschleichen und sogar Kreuzottern haben Feinde. Dazu gehören verschiedene Greifvögel, Fuchs, Dachs und Iltis, ein Verwandter des Marders. Und sogar Wildschweine spüren Reptilien auf und fressen sie.

◀ Der **Iltis** lebt am Waldrand. Du erkennst ihn an der Gesichtszeichnung, die wie eine Maske aussieht. Sein Fell ist das ganze Jahr über dunkelbraun bis schwarz. Der Iltis ist nachtaktiv und ruht tagsüber in unterirdischen Bauen oder hohlen Baumstämmen. Er ist ein geschickter Jäger.

▶ **Wildschweine** sind Allesfresser. Sie leben in größeren Waldgebieten mit dichtem Unterholz und sumpfigen Stellen. Die Tiere wälzen sich gern in Schlammlöchern. Angetrocknet schützt der Schlamm vor lästigen Insekten.

Zu jeder Suhle gehört ein Malbaum, an dem sich das Wild nach dem Bad scheuern kann. Halte Ausschau danach. Wenn du genau hinschaust, findest du dort viele Fußspuren und am Baum Borsten und Haare als Hinweis auf die Besucher.

Insekten

Wenn die Sonne auf Lichtungen und Waldränder scheint, tummeln sich hier vor allem im Sommer jede Menge Insekten. Einige von ihnen triffst du sicher auch im Garten, andere sind ganz typisch für den Wald. In einem Einmachglas oder einer Lupendose kannst du dir die kleinen Tiere aus der Nähe ansehen.

▶ Der **Zehnflecken-Marienkäfer** wird auch Licht-Marienkäfer genannt. Er hat genau zehn helle Flecken auf seinen orangeroten Flügeldecken. Der Käfer ernährt sich im Sommer von Blattläusen und überwintert in der Laubstreu.

◀ Der **Holunderspanner** oder Nachtschwalbenschwanz ist ein Nachtfalter. Die Raupen knabbern unter anderem an Holunder und Waldreben.

▶ Bockkäfer wie der **Vierbindige Schmalbock** haben besonders lange, gebogene Fühler, die an die Hörner eines Steinbocks erinnern. Die Schmalbock-Käfer ernähren sich von Blütenpollen. Die Larven entwickeln sich in morschen Baumstämmen.

Schmetterlinge

Wenn du einen Schmetterling siehst, zeichne schnell sein Flügelmuster
auf. Dafür findest du auf dieser Seite mehrere Umrisse von Schmetter-
lingen. Wie die Schmetterlinge heißen, die du gezeichnet hast, kriegst
du mithilfe eines Bestimmungsbuches heraus.

Name

Datum

Fundort

Name

Datum

Fundort

Name

Datum

Fundort

Hier siehst du einige typische
Wald-Schmetterlinge.
Hast du sie auch entdeckt?

Waldbrettspiel

Großer Schillerfalter

Kleiner Eisvogel

Kaisermantel

Wassertiere

Vielleicht gibt es in deinem Wald einen kleinen Bachlauf, einen Graben, Tümpel oder einfach nur ein paar Mulden auf dem Waldweg, in denen sich Regenwasser sammelt. An diesen Stellen triffst du auf Tiere und Pflanzen, die es in ihrem Lebensraum kühl und feucht mögen oder sogar ganz im Wasser leben.

Auf den ersten Blick wirst du in einem Waldbach oder Graben kaum Tiere sehen. Wenn welche dort sind, haben sie sich gut versteckt oder sind einfach durch ihre Farbe gut getarnt.

Um zum Beispiel einen **Steinkrebs** tagsüber in einem Bach zu entdecken, braucht man viel Erfahrung und auch ein bisschen Glück. Seine Verstecke liegen unter größeren Steinen oder Wurzeln, die ins Wasser ragen. Er ist nachtaktiv und lebt von Wasserinsekten und Laub, das in den Bach gefallen ist.

Es lohnt sich, an einer seichten Stelle Steine umzudrehen, vorsichtig auf Ansammlungen von Treibgut zu klopfen oder unter Wurzeln und Überhänge zu schauen. Dort halten sich viele kleine Tiere fest, um nicht von der Strömung fortgerissen zu werden.

Winzige **Bachflohkrebse** versuchen dann, sich schnell in Sicherheit zu bringen. Sie ernähren sich von Pflanzen- und Tierresten und sind selbst Nahrung von Fischen.

Auch Fliegenlarven klammern sich an Steinen fest. **Steinfliegenlarven** erkennst du an den zwei Fäden an ihrem Hinterleib, dagegen haben **Eintagsfliegenlarven** drei Fäden. **Köcherfliegenlarven** bauen sich kleine Wohnröhren aus Sandkörnern und Pflanzenstückchen und kleben sie an den Steinen fest.

Untersuche eine Wasserprobe in der Lupendose. Streife auch ganz vorsichtig mit einem Stöckchen alle Tierchen von der Unterseite einiger Steine ab. Notiere, welche und wie viele Tierchen du entdeckt hast.

Bachflohkrebs

Köcherfliegenlarve

Steinfliegenlarve

Eintagsfliegenlarve

Steinkrebs

Bachflohkrebs

Steinfliegenlarve

Köcherfliegenlarve

Eintagsfliegenlarve

Fische im Waldbach

Um Fische im Bach entdecken zu können, schleiche dich lautlos an!
Denn die Tiere verstecken sich schon bei leisesten Geräuschen und
kleinsten Erschütterungen. Vermeide schnelle Bewegungen und pass
auf, dass dein Schatten nicht aufs Wasser fällt.

Diese Fische leben in Bächen, allerdings sind sie sehr gut getarnt und
daher nur schwer zu entdecken.

◄ **Bachforellen** sind schnelle Raubfische.
Sie lauern in Vertiefungen hinter großen
Steinen auf vorbeitreibende Beute. Auch
überhängende Ufer und unterspülte Wurzeln dienen ihnen als Versteck.

▶ **Gründlinge** sind Bodenfische
mit zwei kurzen Bartfäden. Sie
leben meist gesellig.

▶ **Bachschmerlen** sind Bodenfische, die
sich tagsüber meist unter Steinen oder
Pflanzen verborgen halten. Mithilfe ihrer
sechs Bartfäden spüren sie Beute, zum
Beispiel kleine Wassertiere, am Gewässer-
grund auf.

◄ **Elritzen** sind kleine
Schwarmfische. Sie werden
gern von Forellen gefressen.

Amphibien

Der Wald ist ein wichtiger Lebensraum für Salamander, Kröten und Frösche. Nur zur Fortpflanzung suchen sie Gewässer auf, zum Beispiel einen Tümpel.

▶ Mit ihrem gelb-schwarzen Fleckenmuster warnen **Feuersalamander** ihre Fressfeinde, das sind Tiere, die den Feuersalamander fressen wollen. Und auch für dich gilt: Achtung! Nicht anfassen – giftig! Mit etwas Glück kannst du einen Feuersalamander entdecken, wenn er nach einem Regenguss aus seinem Versteck kriecht.

Giftig

Erdkröte

◀ **Erdkröten** und **Grasfrösche** sind meist in der Dämmerung oder nachts im Wald unterwegs, um nach Nahrung zu suchen. Im Frühjahr machen sie sich auf den Weg zu den Laichgewässern. Die Weibchen legen ihre Eier (den Laich) im Wasser ab. Laichballen an der Wasseroberfläche stammen von Grasfröschen, bis zu 5 m lange Laichschnüre von Erdkröten.

Grasfrosch

▶ Zur Lieblingsspeise der Amphibien gehören Nacktschnecken, vor allem die graue **Wald-Wegschnecke.** Sie ernährt sich hauptsächlich von abgestorbenen Blättern.

Vögel am feuchten Waldboden

In der Nähe von Bächen und Tümpeln sind auch einige Vögel unterwegs, um nach Nahrung zu suchen.

◀ Die **Waldschnepfe** ist so groß wie eine Taube und kann rufen wie ein Frosch. Mit ihrem braun-schwarzen Gefieder ist sie tagsüber am Boden kaum zu entdecken. Erst in der Dämmerung stochert der Vogel mit seinem langen Schnabel im feuchten Waldboden nach Insekten, Spinnen und Würmern.

▶ Auch die **Singdrossel** sucht bei Gewässern nach Nahrung. Um an das weiche Innere der **Baumschnirkelschnecke** heranzukommen, zertrümmert sie das Gehäuse auf einem Stein. Einen solchen Platz nennt man Drosselschmiede.

Singdrossel

◀ Halte Ausschau nach einer **Drosselschmiede,** zeichne oder fotografiere sie und notiere, wie viele Schneckengehäuse du dort gefunden hast.

_____
Datum

_____
Fundort

_____
Anzahl der Schneckenhäuser

Baumschnirkelschnecke

Libellen am Waldbach

Ebenfalls vor Vögeln in Acht nehmen müssen sich die Libellen am Waldbach. Die meisten Großlibellen sind jedoch sehr geschickte Flieger und
können im Flug blitzschnell die Richtung ändern.

▶ Die **Grünen Flussjungfern** fliegen
von Ende Mai bis Anfang Oktober.
Meist sieht man Männchen, die mit
ausgebreiteten Flügeln auf sonnigen Plätzen am Waldbach nach
Weibchen Ausschau halten. Die
Weibchen kommen nur zur Paarung
und zur Eiablage ans Wasser.

Grüne Flussjungfer

Libellenlarve
mit Beute

Aus den Eiern schlüpfen Larven, die sich in den sandigen Bachgrund
einbuddeln. Dort verstecken sie sich vor Feinden und lauern auf vorbeitreibende Beute. Drei bis vier Jahre leben die Larven im Wasser,
wachsen und häuten sich mehrfach, bis sie ans Ufer krabbeln, sich
aus der Larvenhülle befreien und als Libelle fortfliegen.

Libellenlarven kannst du auch in deiner Wasserprobe finden. Sie können
je nach Art bis zu 5 cm groß sein. Ihre Larvenhüllen entdeckst du mit
etwas Glück im Sommer am Bachufer etwa 30 cm hoch an Pflanzen
oder Steinen.

Übrigens: Libellen sind nicht
gefährlich, sie können nicht
stechen.

Eine Libelle befreit sich
aus der Larvenhülle.

So viele Tiere!

Hier siehst du einen Querschnitt durch den Waldbach und seine Umgebung. Klebe die Sticker der passenden Tiere hinein und male das Bild aus. Welche der Tiere hast du tatsächlich schon in der Natur gefunden? Kennzeichne sie mit einem kleinen Kreuz.

Bach

Pfütze

Krautige Pflanzen

Hier siehst du einige besondere Pflanzen, die an feuchten, schattigen Stellen vor allem in Laubwäldern wachsen.

▶ Die **Einbeere**, auch Teufelsauge genannt, erkennst du sofort an ihren vier Blättern, die wie ein Quirl um den Stängel herum angeordnet sind. An der Spitze des Stängels bildet sich im April nur eine grüne Blüte. Ab August reift dort eine einzelne, blauschwarze, sehr giftige Beere.

Giftig

Giftig

◀ Die Blüte des **Aronstabs** erscheint im Mai und sendet einen Geruch aus, der Fliegen und Mücken anlockt. Sie krabbeln hinein und bestäuben die Pflanze. Erst am nächsten Morgen kommen die Tiere wieder frei. Diese Einrichtung nennt man Fliegenkesselfalle. Ab Juli reifen die erst grünen, später roten Früchte. Achtung, sehr giftig! Nicht anfassen!

Giftig

▶ Die Blätter des **Bärlauchs** duften nach Knoblauch und sind essbar. Aber Vorsicht: Sie sehen den giftigen **Maiglöckchen**-Blättern zum Verwechseln ähnlich! Von April bis Juni blühen die vielen weißen Blüten des Bärlauchs, die wie kleine Sterne aussehen.

Bärlauch

Maiglöckchen

Der Waldsauerklee

Der Waldsauerklee gehört zu den Pflanzen, die viel Schatten vertragen. Er wächst an feuchten Stellen. Seine Blätter erinnern an Klee und schmecken säuerlich. Das Spannende an der Pflanze ist, dass sie auf äußere Reize wie Verdunkelung, Berührung oder Erschütterung reagiert, indem sie ihre Blätter herunterklappt.

Wenn du Schatten auf die Pflanze fallen lässt oder sie berührst, werden die waagerecht stehenden Blätter innerhalb von ein paar Minuten senkrecht nach unten zusammengeklappt. Probier's aus!

Der Waldsauerklee vor der Berührung ...   ... und wenige Minuten später.

Hier kannst du deine eigenen Beobachtungen eintragen und aufmalen.

Datum

Fundort

Besondere Früchte

In der Nähe von Bächen und Tümpeln kannst du Pflanzen finden, die auf ganz besondere Weise dafür sorgen, dass ihre Samen verbreitet werden.

Einige Pflanzen bilden Klettfrüchte, die sich im Fell von Tieren oder in der Kleidung von Menschen verhaken und so an einen anderen Ort gebracht werden. Eine dieser Pflanzen ist das **Große Hexenkraut**. Seine Frucht hat zwei Fächer. In jedem Fach befindet sich ein Samen. Die Außenseite der Frucht ist mit vielen kleinen Hakenborsten versehen. Halte Ausschau nach Pflanzen mit Klettfrüchten und untersuche sie unter einer Lupe.

An welchen Kleidungsstücken haften die Klettfrüchte am besten? Probiere es aus und kreuze an.

Anorak	☐ gut	☐ mittel	☐ schlecht
Wollsocke	☐ gut	☐ mittel	☐ schlecht
T-Shirt	☐ gut	☐ mittel	☐ schlecht

◀ Auch das **Springkraut** verbreitet seine Samen auf eine besondere Weise. Die Fruchtkapseln stehen unter Druck und reißen bei Berührung explosionsartig auf. Dabei werden die Samen bis zu 3 m weit fortgeschleudert. Suche nach besonders dicken Fruchtkapseln, berühre sie mit Daumen und Zeigefinger und ... was passiert? Das Große Springkraut wird auch Rühr-mich-nicht-an genannt.

Moose und Farne am Waldbach

▶ **Moose** sind immergrüne Pflanzen. Sie wachsen an feuchten Stellen und brauchen wenig Licht. In Nadelwäldern findest du sie am Boden, in Laubwäldern meist an Baumstämmen oder auf Steinen. Moose können dicke Polster bilden und darin viel Wasser speichern. Moose blühen nicht. Aber manchmal kannst du Stiele mit Kapseln entdecken. Wenn sie reif sind, platzen sie auf und die Sporen werden ausgestreut. Aus den Sporen wachsen neue Moospflänzchen.

◀ **Farne** haben große, je nach Art unterschiedlich gefiederte Blätter. Auf der Unterseite dieser Farnwedel kannst du braune Häufchen entdecken. Das sind kleine Behälter für die Sporen der Farne. Bei jeder Farnart sind die Behälter anders geformt und angeordnet.

Halte nach verschiedenen Mustern Ausschau und zeichne sie in die Kästchen.

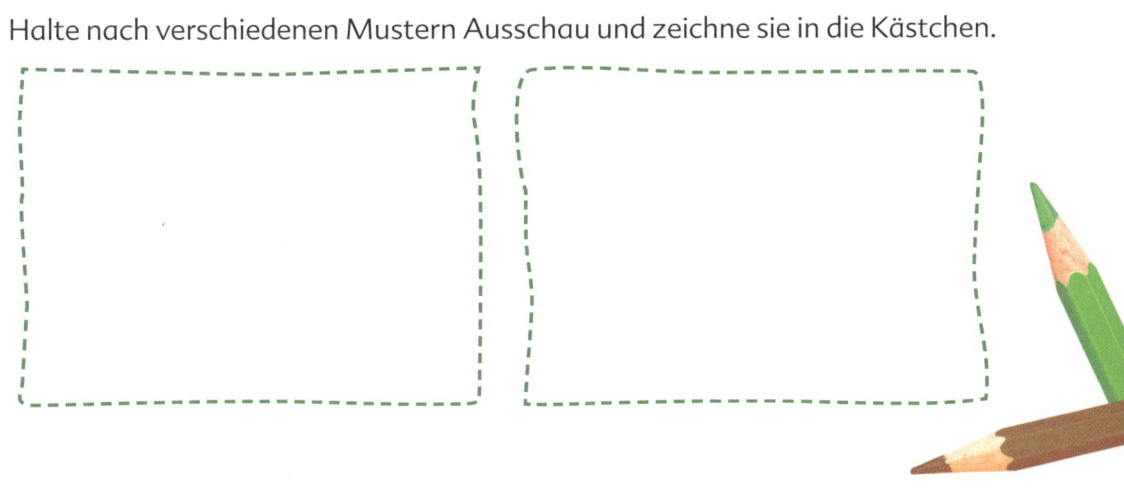

Register der Tier- und Pflanzenbilder

Lösung von Seite 27:

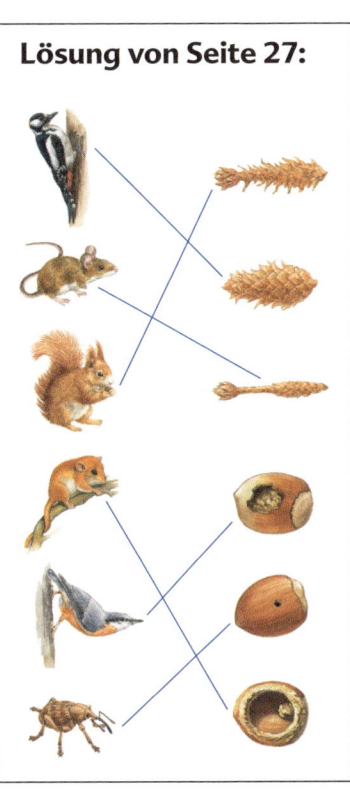

Bildnachweis

Fotos

Titelbild: WILDLIFE/S. Muller

Buchrückseite: Mauritius Images/ib/Birgit Koch (Kinder), www.istockphoto.de/rusm (Eichhörnchen)

Vorsatzpapier: www.fotolia.de/LianeM

S. 6: Mauritius Images/ib/Birgit Koch

S. 8: www.shutterstock.com/Zhukova Irina

S. 9: www.fotolia.de/PhotographyByMK

S. 10: www.shutterstock.com/Inga Nielsen (Laubwald), www.shutterstock.com/ub-foto (Nadelwald), www.shutterstock.com/Florin Stana (Mischwald)

S. 13: www.shutterstock.com/Elisa Locci

S. 15: www.shutterstock.com/Henrik Larsson

S. 17: www.istockphoto.de/wojciech_gajda

S. 20: www.istockphoto.de/rusm (Eichhörnchen), www.istockphoto.de/SeppFriedhuber (Baummarder), www.fotolia.de/Jens Klingebiel (Rötelmaus)

S. 21: www.fotonatur.de/Holger Duty (Specht), www.fotolia.de/Brenda Carson (Habicht), WILDLIFE/S. E. Arndt (Eichhörnchen)

S. 22: www.shutterstock.com/BMJ

S. 26: www.shutterstock.com/ajt (Bucheckern), www.shutterstock.com/Dionisvera (Eicheln, Haselnüsse), www.shutterstock.com/Imageman (Fichtenzapfen), www.shutterstock.com/Dmitri Melnik (Kiefernzapfen), www.istockphoto.de/ LordRunar (Lärchenzapfen)

S. 29: www.shutterstock.com/Torsten Dietrich (Weberknecht), www.fotonatur.de/Holger Duty (Lederlaufkäfer)

S. 30: www.shutterstock.com/Maslov Dmitry

S. 31: www.fotolia.de/byrdyak (Dachs), WILDLIFE/G. Delpho (Fuchs), www.shutterstock.com/Anna Kravchuk (Gelbhalsmaus)

S. 34: www.istockphoto.de/dinadesign (Lichtung), www.fotolia.de/PhotoSG (Fingerhut), www.fotolia.de/emer (Tollkirsche), www.fotolia.de/Axel Gutjahr (Waldweidenröschen), www.istockphoto.de/enewa (Heidelbeeren), www.shutterstock.com/Taina Sohlman (Preiselbeeren)

S. 35: www.shutterstock.com/Franck Boston (Brombeeren), www.shutterstock.com/Stephen Farhall (Waldrebe), www.shutterstock.com/dabjola (Ebersche), www.fotolia.de/Andrea Wilhelm (Holunder)

S. 37: www.fotonatur.de/Hans-Wilhelm Grömping

S. 38: www.shutterstock.com/Weblogiq (Rehbock), www.shutterstock.com/Matt Gibson (Rothirsch), www.shutterstock.com/Mark Bridger (Damhirsch)

S. 39: Mauritius Images/ib/Hans Blossey (Luftbild), www.shutterstock.com/foto.fritz (Schild)

S. 40: www.shutterstock.com/Menno Schaefer

S. 43: www.shutterstock.com/ Stephan Morris (Iltis), www.shutterstock.com/Eduard Kyslynskyy (Wildschwein)

S. 44: www.shutterstock.com/Carlos Horta

S. 46: www.fotolia.de/tournee

S. 49: www.shutterstock.com/Marek R. Swadzba

S. 50: www.shutterstock.com/Erni (Waldschnepfe), www.fotonatur.de/Holger Duty (Drosselschmiede)

S. 51: www.shutterstock.com/Matt Cole

S. 54: www.fotolia.de/lochstampfer

S. 55: www.shutterstock.com/Martin Fowler (vor der Berührung), www.fotolia.de/dina (nach der Berührung)

S. 57: www.fotolia.de/Jürgen Mayer (Bach), www.fotolia.de/Martina Berg (Farn)

Nachsatzpapier: www.shutterstock.com/Christopher Day

Buntstifte und Wachskreiden: www.shutterstock.com

Illustrationen

Manfred Rohrbeck: S. 12, 15 (Gelbbindiger Schwarzkäfer, Schwefelporling), 18, 19, 22 (eine Waldameise trägt einen Samen davon), 25 (Lungenkraut, Waldsauerklee, Schuppenwurz, Fichtenspargel, Nestwurz), 27 (Haselmaus, Haselnüsse), 28 (Trichterlinge, Kartoffelbovist), 32, 33, 37 (Schwanzmeise), 44, 48, 49 (Wald-Wegschnecke), 50 (Baumschnirkelschnecke), 51, 52, 53, 56 (Hexenkraut), Sticker: Waldsauerklee, Fische, Dachsfamilie, Fuchsfamilie, Gelbhalsmaus

Yousun Koh:
alle übrigen
Illustrationen

Noch mehr für Abenteurer

ISBN 978-3-649-61574-3

ISBN 978-3-649-61932-1

ISBN 978-3-649-62072-3

ISBN 978-3-649-66806-0

Überall im Handel erhältlich und unter
www.coppenrath.de!